AF253599

DE SAINT-DOMINGUE

ET

DE SON INDÉPENDANCE,

Par Mr Dag.....

CRÉOLE, COLON PROPRIÉTAIRE.

Si vous voulez que votre cause devienne bonne, commencez par la rendre juste.

A PARIS,

IMPRIMERIE ET LIBRAIRIE DE C. J. TROUVÉ,
RUE DES FILLES SAINT-THOMAS, N° 16.

MAI 1824.

DE

SAINT-DOMINGUE

ET

DE SON INDÉPENDANCE.

———————

Les nouvelles venues de Saint-Domingue font connoître les mesures que le président Boyer a dû prendre, dans la crainte d'une nouvelle invasion de la part de la France.

La *Gazette* officielle du Port-au-Prince, en date du 18 janvier dernier, entre autres réflexions, ajoute : « Aujourd'hui le comité des Colons feint » de vouloir faire solennellement le sacrifice de » ce qu'ils *appellent encore leurs propriétés*, au » moyen d'une indemnité stipulée par le Gouver-» nement français ; mais ce Gouvernement pré-» tend néanmoins conserver sur Haïti un droit » de suzeraineté. »

Je ne sais à quel point cette assertion est vraie, je n'ai point l'honneur de faire partie du comité; mais je demanderois, à mon tour, au journal officiel de Saint-Domingue depuis quand, nous propriétaires, nous ne pouvons plus dire nos propriétés.

Ceux d'entre nous qui, après avoir vu incendier leurs habitations, ont été assez heureux pour échapper aux massacres, se sont réfugiés, soit en France, soit dans les îles anglaises ou espagnoles, soit aux Etats-Unis d'Amérique. Alors Toussaint Louverture, s'étant emparé des rênes du Gouvernement, chercha à rétablir l'ordre. Il fit mettre sous le séquestre les biens de tous les absens, et les afferma; il provoqua le retour des anciens colons, et tous ceux qui se présentèrent à St.-Domingue, et ceux qui, ne pouvant ou ne voulant y revenir, donnèrent leur procuration, furent réintégrés. Jamais il ne fit vendre une habitation, jamais il n'en donna une seule pour récompense; il poussa même si loin ce respect de la propriété, qu'il acheta celle qu'il avoit aux Gonaïves des mains de son légitime propriétaire, M. de Sancé.

Voici, à l'appui de ce que j'avance, quelques articles de la constitution promulguée par Toussaint:

Art. 13. La propriété est sacrée et inviolable.

Art. 73. Les propriétaires absens pour quelque cause que ce soit conserveront tous leurs droits sur la propriété qui leur appartient, et qui est située dans la colonie.

Art. 75. Elle déclare (la colonie) que c'est du respect pour les personnes et les propriétés que la culture de la terre, toutes ses productions, tous les moyens de les faire prospérer et tout l'ordre social doivent dépendre.

La trop fatale expédition du général Leclerc replongea la colonie dans une nouvelle et plus sanglante anarchie. Lorsque ce général fut obligé d'évacuer Saint-Domingue, le peu de colons qui restèrent, sur la foi des promesses fallacieuses de Dessalines, furent impitoyablement massacrés *.

Dès lors les Noirs Dessalines et Christophe s'em-

---

* Avant d'entrer au Cap, qui venoit d'être évacué par l'armée française, Dessalines se fit précéder par une proclamation, dans laquelle il engageoit les propriétaires à rester, leur garantissant, comme l'avoit fait Toussaint, leur sûreté individuelle. Quelques habitans trop confians, et parmi eux mon malheureux père, crurent à sa parole. Quelques jours après, il les réunit à dîner, et, à la fin du repas, il les fit tous massacrer. Est-ce là l'acte de propriété des détenteurs actuels de Saint-Domingue?

parèrent des plus riches propriétés, et les distri-
buèrent à leurs affidés.

Les chefs de la partie du sud en firent autant.

Voilà l'historique de notre dépossession.

Si, d'après vous, nous ne sommes plus propriétaires, c'est donc vous, hommes de couleur
et Noirs, qui vous donnez ce titre?

Maintenant quels sont vos droits et vos titres à
cette possession !

Vous Noirs, descendez-vous des anciens In-
diens, habitant l'île, lorsque Christophe Colomb
y aborda pour la première fois? Non. D'où venez-
vous donc? De l'Afrique. Qui vous a transportés
à Haïti? Des Français, avant vous possesseurs de
son territoire en vertu des lois de leur pays, des
ordonnances de leurs rois et du droit commun
qui régissoit alors l'Europe entière. Que votre
transport ait été licite ou illicite; mon intention
n'est point de traiter une pareille question; je
veux seulement établir un fait. Vous avez été mis
en esclavage; vous avez cherché à reconquérir
votre liberté; tels sont vos droits : mais là se bor-
nent ceux que vous ne pouvez tenir que de la
nature.

Vous, hommes de couleur, qui êtes-vous? Fils

de ces mêmes Blancs qu'aujourd'hui vous proscrivez et dépouillez. Quel est et quel doit être votre but en vous joignant aux Noirs? De jouir des mêmes droits civils que nous. Vos efforts couronnés de succès, vous devez exiger des lois qui vous maintiennent ces mêmes droits. Jusqu'à la reconnoissance solennelle de votre émancipation, j'admets que vous ayez pu garder nos propriétés comme gages; je vous fais cette concession; mais si, après avoir obtenu de la France toutes les garanties nécessaires, vous me privez encore de mes biens, je ne vois plus en vous que de vils spoliateurs qui, sous le prétexte spécieux de briser leurs chaînes, se mettent à ma place. Toussaint-Louverture comprenoit mieux la vraie liberté, et il auroit cru déshonorer sa cause et celle de ses frères, en les appelant à partager les dépouilles de leurs anciens maîtres, de ceux auxquels une partie d'entre eux doivent l'existence.

Si vous voulez que votre cause paroisse bonne, commencez par la rendre juste.

Pour prouver à l'Europe que c'est la liberté seule que vous desirez, que vous êtes dignes de jouir de ses faveurs, demandez à la France qu'une nouvelle loi discutée, en face du monde, par les deux chambres et sanctionnée par le Roi, remplace les décrets de la convention qui vous appeloient à jouir des mêmes droits civils et politiques que tous les Français d'Europe, et que l'esclavage aboli ne sera jamais rétabli.

Toutes prétentions contraires de votre part seroient absurdes et nuiroient à votre cause.

Ainsi vos vœux seroient accomplis; la liberté vous seroit acquise; la loi ne feroit plus de distinction entre les enfans de la mère patrie et ceux de Saint-Domingue; enfin vous deviendriez Français.

Mais, direz-vous, nous sommes en possession de ces droits? sans doute. Cependant tant que la France n'aura pas légitimé votre indépendance, tant qu'elle n'aura point abandonné ses droits sur Saint-Domingue, aucun Gouvernement ne vous reconnoîtra; vous serez dans un état continuel de craintes et d'anxiétés sur votre sort; et, pour l'obliger à cette renonciation, il faudroit que vous l'eussiez vaincue. Certes vous n'avez pas la prétention de faire croire que vous avez fait, à vous seuls, évacuer la colonie à l'armée française. Sans la rupture du traité d'Amiens, sans les Anglais qui vous ont secondés en bloquant cette même armée, en interceptant les secours et les approvisionnemens, sans la discorde qui a divisé

ses chefs et la contagion qui a moissonné ses soldats, jamais elle n'auroit abandonné le pays.
Vous n'ignorez rien de tout cela ; vous n'avez pas
oublié, non plus, que les Français, trois mois
après leur débarquement, avoient soumis l'île
entière et que vos mornes que vous prétendiez
inaccessibles, avoient vu le drapeau français flot-
ter à leur sommet. La Crête-à-Pierrot, la plus
forte position de ces mêmes mornes, a été prise
par nos soldats. Vous êtes bien convaincus que la
France n'a qu'à le vouloir pour vous soumettre ;
vos craintes mêmes en ce moment l'attestent.

Votre projet, dit-on, est d'appeler sous les armes
tous ceux qui sont en état de les porter. En sup-
posant un même sentiment, une union parfaite,
entre les Noirs et les hommes de couleur, vous
ne pourrez jamais réunir plus de quarante mille
hommes ; vous n'avez ni espoir, ni possibilité de
vous recruter ; vous avez une grande étendue de
côtes ; votre ennemi, maître de la mer, peut
choisir à volonté son point d'attaque et de débarquement, et même en faire plusieurs à la fois,
de manière à diviser vos forces ; vous n'avez point
de vaisseaux à leur opposer : vous serez donc obli-
gés, pour concentrer vos moyens de résistance,
d'abandonner vos ports et tout le littoral ; après
avoir tout incendié, vous vous retirerez dans l'in-

térieur du pays, entraînant avec vous vos femmes, vos enfans et vos vieillards; puis, du sommet de vos mornes, vous tomberez sur votre ennemi, et le harcelerez continuellement, laissant au climat le soin d'en éclaircir les rangs.

Voilà le plan de défense que vous annoncez devoir adopter, en cas d'attaque.

Maintenant voyons celui qu'on pourra vous opposer, et ensuite vous jugerez à qui, en définitif, restera l'avantage.

Votre adversaire s'emparera très-facilement, et de votre propre aveu, de toutes vos villes; il s'y fortifiera de manière à braver tous vos efforts; maître de vos ports, il se ravitaillera sans obstacles, donnera à ses troupes le temps de s'acclimater, et ira, à son tour, vous harceler dans vos mornes; les différentes pertes qu'il fera, soit en hommes, soit en munitions, seront incessamment remplacées par de nouveaux convois, venant de France : vous, au contraire, chaque perte que vous ferez sera irréparable; chaque combat que vous livrerez diminuera vos soldats, que vous ne pourrez recruter, tandis que votre ennemi, au contraire, de mois en mois, renforcera ses bataillons; chaque fusil, chaque pièce de canon, perdu par vous, ne pourra être remplacé, puisque vous serez bloqués dans l'intérieur de votre île, et que rien ne pourra vous arriver.

Vous êtes, depuis vingt ans, habitués, les uns au séjour des villes, les autres aux travaux paisibles de la campagne : vous irez donc échanger la vie domestique, avec tous ses charmes, contre la vie des bois, contre le marronage, traînant avec vous, au milieu des rochers, vos femmes et vos enfans. Calculez tous les inconvéniens et les embarras qu'ils vous occasioneront dans vos marches et contre-marches, et combien même ils nuiront à la rapidité de vos mouvemens. Vous aurez non-seulement à combattre pour défendre leur existence mais encore il faudra pourvoir à leur nourriture. Vous aurez beau me dire : Nous planterons des vivres, du maïs, du manioc, des patates, etc; je vous répondrai : Encore faudra-t-il cultiver ces racines. Votre ennemi vous en laissera-t-il le loisir ? Ne cherchera-t-il pas à les détruire ?

De quel côté se trouvera l'avantage à la fin ? Du côté de votre ennemi.

Voilà la perspective qu'en résultat vous offre la chance de la résistance.

Loin de moi, toutefois, la pensée de faire un appel aux armes : *assez de sang a inondé cette malheureuse terre*, a dit M. Lainé; tous les amis de l'humanité sont de son avis. Je veux seulement bien convaincre et la France et vous-mêmes que, dès que cette Puissance voudra déployer contre vous ses immenses ressources, elle réussira dans son entreprise.

Vous voulez que la France reconnoisse votre indépendance, vous l'exigez même comme condition essentielle, avant d'écouter aucune proposition d'accommodement! Mais êtes-vous en état de la faire respecter? Votre situation, tant intérieure qu'extérieure, vous le permet-elle, et vous en donne-t-elle les moyens? Comment une population de quatre cents mille individus, en y comprenant les femmes, les enfans et les vieillards, répandue sur une surface de seize cents lieues carrées, et dont les dix-neuf vingtièmes se trouvent encore dans l'enfance de la civilisation, peut-elle prétendre à former un Etat indépendant? Où sont vos marins, pour faire respecter votre pavillon? Où sont vos armées, pour mettre votre territoire à l'abri de toute invasion? Vous tirez tout de l'Europe ou des Etats-Unis, jusqu'à vos armes, jusqu'à vos munitions. Depuis vingt ans que vous êtes livrés à vous-mêmes, où sont vos progrès dans l'agriculture, le commerce, les arts et l'industrie? Vous laissez tout périr et ne reconstruisez rien ; les villes et les campagnes offrent partout des ruines à l'œil affligé ; l'avenir semble n'être rien pour vous. Qu'on bloque étroitement toutes vos côtes, qu'aucun bâtiment ne puisse y aborder ni en sortir, vous voilà prisonniers dans votre île. Alors disparoîtront et votre foible commerce et votre agriculture naissante, et, dans votre isolement, vous n'aurez pas même la consolation d'avoir l'appui d'une puissance quelconque, parce qu'il n'en est aucune qui puisse se lier avec vous, tant que la France n'aura pas fait un abandon formel de ses droits. Vous avez donc nécessairement besoin de la protection d'un Etat plus puissant que vous : la France peut vous offrir cet appui tutélaire.

Si, au contraire, par le mot indépendance, vous entendez l'administration intérieure de votre île, d'après des lois particulières et locales en harmonie avec les usages du pays et ses besoins, et consenties par une assemblée de personnes choisies parmi les notables des trois nuances, je la conçois

La France peut, sans inconvéniens (et même j'oserois dire que ce seroit dans ses intérêts) abandonner à une pareille assemblée la conduite des affaires de la colonie, c'est-à-dire, la confection de toutes les lois municipales, telles que celles de simple police, etc. Les lois générales, comme le Code civil, etc., devroient être les mêmes qu'en France.

Voilà la seule, l'unique indépendance que vous puissiez et deviez réclamer.

En adoptant la transaction que j'ai développée plus haut, vous arriverez à votre but sans que l'humanité ait à gémir de voir le sang couler. La colonie sortira bien plus promptement de ses ruines, lorsque les Noirs et les Blancs travailleront, de concert, à lui rendre son ancienne splendeur. Les Noirs, constamment sous les armes depuis trente-deux ans afin de maintenir leur liberté, n'ont pu se livrer aux travaux des arts, enfans de la paix et de la sécurité ; ils sont encore à cet égard, dans les langes de la civilisation ; ils ont donc besoin de guides et de modèles.

Vous nous redoutez. Mais êtes vous aussi sans craintes, les uns vis-à-vis des autres ? Le danger commun vous a réunis jusqu'à ce jour. Ce danger passé, qui vous garantira, vous Noirs, que les hommes de couleur ne chercheront point à se mettre à notre place pour vous priver de votre liberté ? L'abus est bien près du pouvoir. Les hommes de couleur, aujourd'hui vos égaux, demain seront vos maîtres.

Quant à vous, hommes de couleur, vous êtes en ce moment à la tête de la république. Y serez-vous toujours ? Qu'un chef noir audacieux, intrépide, sachant remuer les masses, et ranimant cette vieille jalousie qui existe, à votre égard, parmi les Nègres, se mette à leur tête et vienne vous disputer le commandement, êtes-vous assez forts pour lui résister ? Rappelez-vous Toussaint, Dessalines, Christophe. Craignez que la partie du Nord n'enfante encore de pareils hommes: craignez surtout qu'un jour votre couleur ne soit aussi pour vous un titre de proscription ou un arrêt de mort.

Vous accusez les anciens colons de ne rêver que votre esclavage, de l'appeler de tous leurs vœux. Où sont-ils donc ces ancien colon que vous semblez tant redouter? Trente-deux années se sont écoulées depuis qu'ils ont été forcés de s'exiler. Ceux qui ont survécu aux désastres sont en bien petit nombre, et d'ailleurs sont trop âgés pour affronter, de nouveau, les mers et les chaleurs d'un climat auquel ils ne sont plus habitués. Quant à leurs enfans ou à leurs neveux, ils étoient trop jeunes pour connoît re l'ancien régime de la colonie. Elevés en Europe ou aux Etats-Unis, ils reviendront dégagés des préjugés qu'auroient pu conserver leurs pères. Moi-même Créole, je juge de leurs sentimens par les miens propres. Non !

ils ne veulent pas votre esclavage, ces colons anciens et nouveaux. Ils veulent des lois égales pour tous. Ils veulent que vous conserviez les droits que vous avez acquis, pourvu que les leurs soient reconnus; ils veulent la sécurité des personnes et des propriétés et que cette sécurité soit pour eux comme pour vous; ils veulent les mêmes réglemens coloniaux donnés par Toussaint-Louverture.

Si vous êtes sourds à la voix de vos vrais intérêts et à celle de l'humanité; si, après avoir épuisé tous les moyens possibles de négociation compatibles avec sa dignité et avec nos droits, le Gouvernement français ne peut parvenir à vous faire entendre le langage de la raison : en un mot, si vous préfériez recourir aux armes, que la France le veuille fortement, et la lutte ne sauroit être douteuse. J'en appelle à tous les militaires qui ont fait partie de l'expédition du général Leclerc : bien plus encore, j'en appelle à vous-mêmes, Noirs et hommes de couleur, qui, malgré tous vos efforts, n'avez pu résister à l'impétueuse bravoure de nos soldats.

Ministres du Roi! vous voulez que votre administration actuelle soit l'époque brillante de l'entière restauration de la monarchie française; vous cherchez à cicatriser toutes les plaies de la révolution ; eh ! bien, une des plaies de cette fatale révolution a été la perte de Saint-Domingue. Les victimes de cette grande et terrible catastrophe attendent dans le silence du désespoir et dans toutes les anxiétés de la misère, un terme à leurs maux. Un instant la douce espérance descendit au fond du cœur des malheureux colons de Saint-Domingue, lorsque la France entière et par acclamation, se rangea sous l'antique bannière des lys ; lorsque les Bourbons vinrent continuer cette longue chaîne de Rois qui, pendant quatorze siècles, firent fleurir la France sous leur sceptre paternel. Cependant dix années sont écoulées depuis le rétablissement de la monarchie légitime, et ils attendent encore ! Comme eux, le commerce, l'agriculture et l'industrie, en jettant un regard douloureux sur nos possessions d'Outre-mer, vous demandent si Saint-Domingue est à jamais perdu pour la France. Ne souffrez pas plus long-temps que quatre cents mille étrangers, secondés par les mensonges et la perfidie des anarchistes de l'Europe, se faisant illusion sur leur véritable situation, refusent de faire partie d'une famille de trente millions de Français qui leur offre les mêmes droits dont jouissent tous ses membres. Déployez les forces que Sa Majesté a remises en vos mains pour faire respecter et son autorité et son nom et ses droits. Que vos négociations, fondées sur les droits acquis et sur le respect dû aux propriétés, soient appuyées par une escadre capable d'encourager les vœux secrets que beaucoup de Noirs forment pour nous et en même temps capable d'effrayer ceux qui ne voudront point se soumettre à des concessions généreuses qui sont les intérêts de tous.

Et vous qui, par un égoïsme d'intérêt personnel mal déguisé, cherchez à abuser l'opinion publique sur la véritable situation de Saint-Domingue et qui représentez, sans cesse, cette île comme offrant le type d'un Gouvernement libre, formé des esclaves de la veille, marchant à grands pas vers la perfection morale de l'homme dans toute la force de sa dignité et de sa liberté, vos tableaux ne sont que des illusions, vos récits des mensonges, votre philanthropie erreur ou mauvaise foi! Ne chantez plus les vertus d'un peuple qui ne sait point encore distinguer la vraie liberté d'avec la licence, et qui proscrit vos parens, vos amis, vos propres concitoyens enfin! Oubliez-vous donc que nous aussi nous sommes Français? Et est-ce que des Français qui, depuis trente-deux ans et loin de leurs foyers, traînent dans la misère, une pénible existence qu'ils ont disputée au fer et à la flamme, ne méritent pas autant votre pitié et votre intérêt que des Noirs qui ne tiennent à vous par aucun des liens de consanguinité ou de nationalité? Que demandons-nous? Les droits civils et politiques pour tous les habitans de Saint-Domingue indistinctement, et la remise de nos propriétés. Que demandons-nous encore? Que l'autorité du Roi soit reconnue à Saint-Domingue de manière qu'elle puisse protéger les Noirs contre les Blancs et les Blancs contre les Noirs.

Je crois être, ici, l'interprète des vœux d'une grande partie des colons propriétaires de Saint-Domingue. Telle est notre profession de foi. Que les hommes de couleur montrent la même modération! et si réellement le président Boyer et les autres chefs de la république d'Haïti veulent, comme on le dit, arriver sans secousse et sans effusion de sang à une transaction loyale et franche, je leur ai préparé une voie facile et honorable. Heureux, si j'ai pu réussir à ramener sous le sceptre protecteur de mon Roi une nouvelle famille de Français! ce sont mes vœux les plus ardens : ils m'ont été dictés par la Religion, l'humanité et le bien de mon pays, puissent-ils être exaucés !

www.ingramcontent.com/pod-product-compliance
Lightning Source LLC
Chambersburg PA
CBHW051442060726
47596CB00006B/2583